30일간 하루 10분 스페인어 필사

"스페인어 필사로 성공적인 자기 계발 여정을 시작하세요."

년   월   일

30일간 하루 Day 10분 스페인어 필사

Mædəlin Buk

"스페인어와 함께하는 인생의 가치 탐구"

《30일간 하루 10분 스페인어 필사》는 학습자들에게 스페인어 실력 향상과 함께 인생의 필수 항목을 탐구하게 해주는 독특한 자료입니다. 이 책은 총 10개의 주제로 구성되어 있으며, 각 주제는 인생에서 필요한 항목들을 다루고 있습니다. 그리고 각 주제를 다시 3개의 소주제로 나누어, 총 30개의 주제를 한 달 동안 필사할 수 있도록 구성하였습니다.

스페인어 필사만으로 눈에 띄는 실력 향상을 기대할 수 없을지도 모르지만, 30일간의 꾸준한 계획과 자기 관리는 나 자신에게 성장의 기반을 마련해 줄 것입니다. 그 과정에서 인생에 대해 탐구하고 이해할 수 있도록 도와줄 주제들을 엄선하였습니다. 자기 계발과 리더십, 성공 스토리, 긍정적인 사고, 시간 관리, 재정 관리, 건강과 웰빙, 자기 탐구, 창의성, 관계에 대한 깊이 있는 성찰의 시간을 가져보시기 바랍니다.

더불어 《30일간 하루 10분 스페인어 필사》를 통해 명언을 함께 습득하면서, 학습과 동시에 인생의 중요한 가치와 개념을 탐구할 수 있을 것입니다. 또한 MP3 음성 파일을 활용하여 정확한 발음과 억양을 반복적으로 따라 읽으며, 스페인어 실력을 더욱 향상시킬 수 있을 것입니다.

이 도서는 성실한 노력의 성과를 알아갈 수 있는 계기가 될 것이며, 학습의 동기부여와 함께 인생에서 중요한 가치와 개념을 탐구하는 기회를 제공할 것입니다. 《30일간 하루 10분 스페인어 필사》와 함께 자신의 성장과 심리적 안정, 스페인어 실력 향상의 즐거움을 동시에 느낄 수 있기를 바랍니다.

목차

학습 방법

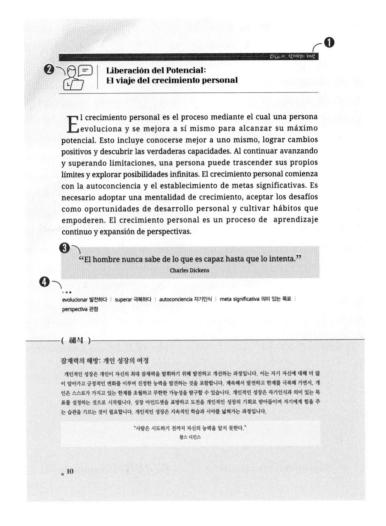

❶ **매일의 도전:** 매일 빠짐없이 스페인어 필사 책을 펼쳐 보세요. 하루에 10분씩이라도 지속적으로 연습하는 것이 중요합니다. 자신과의 약속을 지키면서 한 단계 성장하는 스스로를 느껴보세요.

❷ **주제별 학습:** 자아 성찰과 목표 설정을 위한 총 10개의 중요한 주제를 담았습니다. 매일 주어지는 조언을 통해 삶을 더욱 긍정적인 방향으로 이끌어 갈 수 있습니다.

❸ **명언:** 관련 있는 명언이나 인용구를 통해 짧지만 강렬한 문장을 기억에 담을 수 있습니다. 오늘의 한 문장을 반복적으로 생각하고, 나만의 테스트를 통해 30개의 명언을 모두 기억해 보세요.

❹ **어휘:** 주요 어휘를 통해 독해력과 표현력을 동시에 키울 수 있습니다. 본문에 자주 등장하는 어휘를 중심으로 학습하다 보면, 어느새 필수 어휘를 기억하고 있는 자신의 실력을 확인할 수 있을 것입니다.

❺   **❻** MP3

El crecimiento personal es el proceso mediante el cual
una persona evoluciona y se mejora a sí mismo para
alcanzar su máximo potencial.

❺ **필사 노트:** 필사는 언어를 읽고 이해하는데 그치지 않고, 직접 따라 쓰는 과정을 통해 문맥과 구조를 파악하는 능력을 키워줍니다. 더불어 나만의 필체를 연습하면서 자연스러운 알파벳 서체를 만들어 보세요.

❻ **QR코드 음성파일:** 손으로 적은 내용을 귀로 듣고 따라 말하다 보면, 스페인어 발음과 억양도 훨씬 자연스러워질 것입니다. 필사로 시작한 문장을 입을 통해 반복 연습하는 것은 아주 효과적인 학습 방법입니다.

❼ **부가 자료:** 무료로 제공하는 MP3 음성파일과 필사 노트 PDF 파일을 다운로드해 학습 자료로 활용할 수 있습니다. 부가 자료와 함께 탄탄한 실력을 쌓아 보세요. (다운로드: 홈페이지 www.pub365.co.kr ◐ 스페인어 필사 ◐ 무료 MP3 / 기타 자료)

자기 계발

Desarrollo Personal

'자기 계발' 과정에서는 자신을 개선하고
더욱 성장하기 위한 다양한 방법을 다룹니다.
스스로에 대한 이해, 목표 설정, 습관 형성 등에 대한 조언을 시작으로
점점 성장하는 자신을 만나 보세요.

Liberación del Potencial:
El viaje del crecimiento personal

El crecimiento personal es el proceso mediante el cual una persona evoluciona y se mejora a sí mismo para alcanzar su máximo potencial. Esto incluye conocerse mejor a uno mismo, lograr cambios positivos y descubrir las verdaderas capacidades. Al continuar avanzando y superando limitaciones, una persona puede trascender sus propios límites y explorar posibilidades infinitas. El crecimiento personal comienza con la autoconciencia y el establecimiento de metas significativas. Es necesario adoptar una mentalidad de crecimiento, aceptar los desafíos como oportunidades de desarrollo personal y cultivar hábitos que empoderen. El crecimiento personal es un proceso de aprendizaje continuo y expansión de perspectivas.

> **"El hombre nunca sabe de lo que es capaz hasta que lo intenta."**
> Charles Dickens

• • •

evolucionar 발전하다 | superar 극복하다 | autoconciencia 자기인식 | meta significativa 의미 있는 목표 |
perspectiva 관점

─(해석)─

잠재력의 해방: 개인 성장의 여정

개인적인 성장은 개인이 자신의 최대 잠재력을 발휘하기 위해 발전하고 개선하는 과정입니다. 이는 자기 자신에 대해 더 많이 알아가고 긍정적인 변화를 이루며 진정한 능력을 발견하는 것을 포함합니다. 계속해서 발전하고 한계를 극복해 가면서, 개인은 스스로가 가지고 있는 한계를 초월하고 무한한 가능성을 탐구할 수 있습니다. 개인적인 성장은 자기인식과 의미 있는 목표를 설정하는 것으로 시작됩니다. 성장 마인드셋을 표방하고 도전을 개인적인 성장의 기회로 받아들이며 자기에게 힘을 주는 습관을 기르는 것이 필요합니다. 개인적인 성장은 지속적인 학습과 시야를 넓혀가는 과정입니다.

> "사람은 시도하기 전까지 자신의 능력을 알지 못한다."
> 찰스 디킨스

MP3

El crecimiento personal es el proceso mediante el cual
una persona evoluciona y se mejora a sí mismo para
alcanzar su máximo potencial.

Trazar el Camino Profesional:
El poder de la fijación de metas

La fijación de metas es una herramienta fundamental para avanzar hacia el éxito. Nos proporciona claridad, dirección y motivación. Al establecer objetivos específicos y significativos, podemos crear una hoja de ruta para alcanzarlos. Las metas nos ayudan a priorizar nuestras acciones, enfocar nuestra energía y superar los obstáculos. Nos sacan de nuestra zona de confort y nos motivan a alcanzar nuevas alturas. A través de objetivos claramente definidos, podemos seguir nuestro progreso, celebrar los pasos intermedios y comprometernos con nuestra visión. La fijación de metas no se trata solo de alcanzar un objetivo, sino también del crecimiento, el aprendizaje y el cambio que experimentamos en el proceso.

> **"Un objetivo sin un plan es solo un deseo."**
> Antoine de Saint-Exupéry

• • •

fijación de meta 목표 설정 | hoja de ruta 로드맵 | obstáculo 장애물 | zona de confort 안전지대 |
progreso 진전

─(해석)─

진로를 그리다: 목표 설정의 힘

목표 설정은 성공을 향해 나아가는 데 있어 중요한 도구입니다. 그것은 우리에게 명확성, 방향성 및 동기 부여를 제공합니다. 구체적이고 의미 있는 목표를 세우는 것으로 우리는 그것을 달성하기 위한 로드맵을 만들 수 있습니다. 목표는 우리가 행동을 우선순위로 정하고 에너지를 집중하며 장애물을 극복하는 데 도움을 줍니다. 그것들은 우리를 안전지대에서 벗어나게 하고 새로운 정상에 도달하도록 동기를 부여합니다. 명확하게 정의된 목표를 통해, 우리는 진행 상황을 추적하고 그 중간의 과정을 축하하며 우리의 비전에 헌신할 수 있습니다. 목표 설정은 단지 목표에 도달하는 것에 그치는 것이 아니라, 그 과정에서 경험하는 성장과 배움, 변화에 대한 것입니다.

> "계획 없는 목표는 단지 소망에 불과합니다."
> 안투안 드 생텍쥐페리

La fijación de metas es una herramienta fundamental
para avanzar hacia el éxito.

El Poder de la Mentalidad de Crecimiento: Desplegando el potencial

La mentalidad de crecimiento es fundamental para el desarrollo personal y el éxito. Esto significa aceptar los desafíos como oportunidades para crecer y aprender, en lugar de evitarlos o verlos como obstáculos insuperables. Una persona con mentalidad de crecimiento cree que sus habilidades e inteligencia pueden mejorar a través del esfuerzo y la dedicación. Aceptan las críticas constructivas, asumen riesgos y responden con resiliencia cuando enfrentan dificultades. Al salir de su zona de confort, buscar nuevas experiencias y esforzarse por crecer constantemente, una persona puede desplegar todo su potencial y lograr resultados extraordinarios.

> **"**No soy un producto de mis circunstancias.
> Soy un producto de mis decisiones.**"**
> Stephen Covey

• • •

mentalidad de crecimiento 성장 마인드셋 | desafío 도전 | crítica constructiva 건설적인 비판 |
asumir riesgo 위험을 감수하다 | resiliencia 회복성, 탄력 | lograr resultado 결과를 달성하다

───(해석)───

성장 마인드셋의 힘: 잠재력 발휘하기

성장 마인드셋은 개인적인 성장과 성공을 위해 중요합니다. 이는 도전을 피하거나 넘어설 수 없는 장애물로 보는 대신에 성장과 학습의 기회로 받아들이는 것을 의미합니다. 성장 마인드셋을 가진 사람은 노력과 전념을 통해 자신의 능력과 지능이 향상될 수 있다고 믿습니다. 그들은 건설적인 비판을 받아들이고, 위험을 감수하며, 어려움에 직면했을 때 탄력적으로 대처합니다. 안전지대를 벗어나 새로운 경험을 추구하고 끊임없이 성장하기 위해 노력함으로써 개인은 자신의 모든 잠재력을 발휘하고 놀라운 결과를 달성할 수 있습니다.

> "나는 환경의 산물이 아니라, 내 선택의 산물이다."
> 스티븐 코비

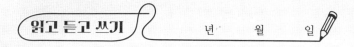 년 월 일

MP3

La mentalidad de crecimiento es fundamental para
el desarrollo personal y el éxito.

리더십

—

Liderazgo

'리더십' 과정은 효과적인 리더가 되는 데 필요한 요소를 조언해 줍니다.
의사소통의 기술, 팀 빌딩, 문제 해결 능력 등
그에 필수적인 요건들에 대해 생각할 시간을 가질 수 있습니다.

Liderazgo Visionario:
Inspirar un futuro brillante

El liderazgo visionario va más allá de la simple gestión, guiando e inspirando hacia un futuro apasionante. Un líder visionario posee la inspiración para despertar la pasión de su equipo. Transmite esta visión de manera efectiva, permitiendo que otros vean el potencial que se despliega ante ellos. Al establecer metas ambiciosas y compartir una hoja de ruta hacia el éxito, el líder visionario infunde propósito y dirección. Fomenta la innovación, desafía las normas establecidas y amplía los límites. A través del liderazgo visionario, motiva a otros a aspirar a la grandeza, generando un compromiso colectivo para alcanzar un futuro más brillante.

> **"Un líder es alguien que conoce el camino,**
> **anda el camino y muestra el camino."**
>
> John C. Maxwell

● ● ●

liderazgo visionario 선견지명이 있는 리더십 | despertar la pasión 열정을 불러일으키다 | hoja de ruta 로드맵 |
fomentar la innovación 혁신을 장려하다 | compromiso colectivo 집단적 헌신

──(해석)──

선견지명이 있는 리더십: 밝은 미래에 영감을 주다

선견지명이 있는 리더십은 단순한 경영을 초월하여, 흥미로운 미래로 인도하고 영감을 줍니다. 미래에 대한 통찰력 있는 리더는 팀의 열정을 불러일으키는 영감을 지니고 있습니다. 이러한 지도자는 다른 사람들이 그들의 앞에 펼쳐진 잠재력을 볼 수 있게 하면서 효과적으로 이러한 비전을 전달합니다. 야심찬 목표를 설정하고 성공을 위한 로드맵을 공유함으로써, 앞서 나가는 리더는 목적과 방향을 제공합니다. 그들은 혁신을 장려하고 관습에 도전하며 경계를 넓힙니다. 시대를 앞서가는 리더십을 통해 다른 사람들이 위대함을 추구하도록 동기를 부여하여 더 밝은 미래를 실현하기 위한 집단적 헌신을 유발합니다.

> "리더는 길을 알고, 그 길을 걸으며, 다른 이에게 그 길을 보여주는 사람이다."
>
> 존 C. 맥스웰

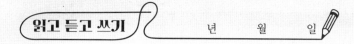

MP3

El liderazgo visionario va más allá de la simple gestión, guiando e inspirando hacia un futuro apasionante.

Liderazgo de Servicio: Guiar con altruismo y empatía

El liderazgo servicial es un enfoque que prioriza la filosofía de servir a los demás antes que a uno mismo. Los líderes que siguen este estilo ponen el bienestar de los miembros del equipo como su máxima prioridad, fomentando la empatía y la colaboración. Guían con humildad, escuchan activamente y respetan diversas perspectivas. Los líderes serviciales brindan apoyo y recursos a los miembros del equipo, alentándolos en su desarrollo. Al centrarse en el servicio, inspiran confianza, lealtad y compromiso. Crean un entorno que promueve el crecimiento individual y un impacto significativo. Gracias a su actitud altruista, los líderes serviciales mejoran el rendimiento y la moral del equipo, generando un impacto positivo.

> **"El verdadero líder no tiene que liderar: está contento con señalar el camino."**
> Henry Miller

liderazgo servicial 섬김의 리더십 | bienestar 웰빙, 복지 | confianza 신뢰 | actitud altruista 이타적인 태도 | rendimiento 성과

(해석)

섬김의 리더십: 이타주의와 공감을 이끌다

서번트 리더십은 자기보다는 다른 사람을 섬기는 철학을 우선시하는 접근법입니다. 이 방식을 따르는 리더들은 팀원들의 복지를 최우선으로 삼으며, 공감과 협업을 촉진시킵니다. 그들은 겸손하게 이끄는데, 적극적으로 듣고 다양한 관점을 존중합니다. 서번트 리더들은 팀 구성원들에게 지원과 자원을 제공하여 그들의 발전을 격려합니다. 서비스에 초점을 맞추어 신뢰, 충성심, 그리고 헌신을 일깨웁니다. 그들은 개인의 성장과 의미 있는 영향을 만들 수 있는 환경을 조성합니다. 이타적인 자세로 인해, 서번트 리더들은 팀의 성과와 사기를 향상시키며 긍정적인 영향을 만들어냅니다.

> "진정한 리더는 앞장서기보다는 길을 보여주는 것에 만족한다."
> 헨리 밀러

MP3

El liderazgo servicial es un enfoque que prioriza la
filosofía de servir a los demás antes que a uno mismo.

Liderazgo Adaptativo: Navegando la complejidad con flexibilidad e innovación

El liderazgo adaptativo es esencial para guiar a una organización en entornos complejos e inciertos. Este enfoque enfatiza la adaptabilidad del líder, su capacidad para resolver problemas y navegar situaciones desconocidas. En un mundo en constante cambio, las organizaciones enfrentan desafíos y fluctuaciones diversas. Los líderes adaptativos son flexibles, abiertos y rápidos para aprender. Ven el cambio y la incertidumbre como oportunidades para el crecimiento y la innovación. Comunicándose con el equipo, fomentan la colaboración y empoderan a los demás. También conducen a las organizaciones hacia la estabilidad, la resiliencia y el éxito a largo plazo. Al implementar el liderazgo adaptativo, los líderes superan la incertidumbre y crean un entorno donde el cambio se abraza y la innovación florece.

> **"No es la especie más fuerte la que sobrevive, ni la más inteligente, sino la que responde mejor al cambio"**
>
> Charles Darwin

• • •

liderazgo adaptativo 적응 리더십 | entorno complejo 복잡한 환경 | resolver 해결하다 |
oportunidad para crecimiento 성장을 위한 기회

──(해석)──

적응 리더십: 유연성과 혁신으로 복잡한 상황을 헤쳐 나가다

적응 리더십은 복잡하고 불확실한 환경에서 조직을 이끄는 데 필수적입니다. 이러한 접근법은 리더의 적응력, 문제 해결 능력, 그리고 낯선 상황에서의 항해 능력을 강조합니다. 끊임없이 변화하는 세상에서 조직은 다양한 도전과 변동에 직면합니다. 적응형 리더는 유연하고 개방적이며 빠른 학습자입니다. 그들은 변화와 불확실성을 성장과 혁신의 기회로 바라봅니다. 그들은 팀과 소통하고 협업을 장려하며 다른 사람들에게 권한을 부여합니다. 또한 조직을 안정성과 회복력, 장기적인 성공으로 이끌어 갑니다. 적응 리더십을 구현함으로써 리더는 불확실성을 극복하며 변화가 수용되고 혁신이 꽃 피우는 환경을 조성합니다.

> "살아 남는 종(種)은 가장 강한 종도, 똑똑한 종도 아닌 변화에 잘 적응하는 종이다."
>
> 찰스 다윈

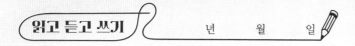

El liderazgo adaptativo es esencial para guiar a una
organización en entornos complejos e inciertos.

성공 스토리

Historias de Éxito

성공한 사람들의 이야기는 보는 이에게 영감을 주고 동기부여를 합니다.
어려움을 극복하고 목표를 달성하는 과정에서 얻은 교훈과 전략을 공유하며
함께 경험하는 시간을 가질 수 있습니다.

El Poder de las Historias de Éxito:
Un viaje de inspiración y motivación

Las historias de éxito tienen el poder de inspirarnos y motivarnos. Son relatos de individuos que han logrado un éxito extraordinario en sus vidas. Estas historias nos recuerdan que el éxito es alcanzable a través del esfuerzo, la perseverancia y la superación de obstáculos. Las historias de éxito demuestran el gran potencial humano y despiertan en nosotros la creencia de que también podemos lograr logros sorprendentes. Estos relatos ofrecen valiosas lecciones, perspectivas y aliento mientras avanzamos en nuestro propio camino hacia el éxito.

> **"El éxito no es definitivo, el fracaso no es fatal:**
> **lo que cuenta es el valor para continuar."**
> Winston Churchill

● ● ●

esfuerzo 노력 | perseverancia 인내 | superación 극복 | potencial humano 인간의 잠재력

(해석)

성공 스토리의 힘: 영감과 동기 부여의 여정

성공 스토리는 우리에게 영감과 동기를 부여하는 능력을 갖고 있습니다. 그것은 자신의 삶에서 탁월한 성공을 이룬 개인들의 이야기입니다. 이러한 이야기들은 우리에게 성공은 노력, 인내, 그리고 장애물 극복을 통해서 달성할 수 있다는 점을 상기시켜줍니다. 성공 스토리는 인간의 위대한 잠재력을 증명하며, 우리로 하여금 놀라운 업적을 이룰 수 있다는 믿음을 불러일으킵니다. 이러한 이야기들은 우리가 성공을 향한 개인적인 여정을 나아가는 데에도 귀중한 교훈, 통찰력, 격려를 제공합니다.

> "성공이 영원한 것은 아니며, 실패가 치명적인 것도 아니다. 중요한 것은 계속 나아가는 용기다."
> 윈스턴 처칠

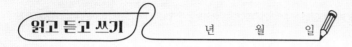

Las historias de éxito tienen el poder de inspirarnos y
motivarnos.

Superar Desafíos:
Historias inspiradoras de perseverancia y crecimiento

La vida está llena de desafíos que ponen a prueba nuestra fuerza y determinación. El éxito no llega fácilmente; debemos superar las dificultades y aprender de ellas. En esta colección de historias inspiradoras, exploramos las vidas de personas que enfrentaron situaciones difíciles. Estas historias destacan la importancia de la perseverancia, el coraje y la búsqueda de soluciones creativas. Nos recuerdan que, incluso cuando enfrentamos momentos difíciles, podemos superar cualquier cosa con la mentalidad correcta y determinación. Desde desafíos personales hasta obstáculos profesionales, estas historias transmiten valiosas lecciones y nos motivan. Nos enseñan que los desafíos no son solo obstáculos, sino oportunidades para el crecimiento personal.

> **"**La vida no se trata de esperar a que pase la tormenta,
> sino de aprender a bailar bajo la lluvia.**"**
>
> Vivian Greene

• • •

desafío 도전 | poner a prueba 시험하다 | solución creativa 창의적인 해결책 |
mentalidad correcta 올바른 마인드셋

(해석)

도전을 극복하다: 인내와 성장의 영감을 주는 이야기

인생은 우리의 힘과 결심을 시험하는 다양한 도전들로 가득합니다. 성공은 쉽게 오지 않습니다. 어려움을 극복하고 그로부터 배움을 얻어야 합니다. 이 영감을 주는 이야기들의 모음에서, 우리는 어려운 상황에 직면한 개인들의 삶을 살펴봅니다. 이러한 이야기들은 인내심, 용기, 그리고 창의적인 해결책을 찾는 것이 중요함을 강조합니다. 우리에게 어려운 일이 생기더라도, 올바른 마인드셋과 결단력으로 모든 것을 극복할 수 있음을 상기시켜 줍니다. 개인적인 어려움에서 직업적인 장애물까지, 이러한 이야기들은 소중한 교훈을 전하며 우리에게 동기부여를 해줍니다. 이들은 도전이 단지 장애물이 아니라 개인적인 성장의 기회임을 가르쳐 줍니다.

> "인생은 폭풍이 지나가기를 기다리는 것이 아니라, 비를 맞으며 춤추는 법을 배우는 것이다."
> 비비안 그린

Las historias de éxito tienen el poder de inspirarnos y
motivarnos.

Superar la Adversidad:
Historias inspiradoras de logros personales

En el ámbito de los logros personales, hay individuos que han enfrentado desafíos abrumadores en su camino hacia el éxito. Han demostrado fuerza, determinación y perseverancia para superar obstáculos que parecían imposibles. Desde limitaciones físicas hasta dudas internas, sus historias nos inspiran a seguir adelante con resiliencia. A través de su firme decisión, el fracaso se transforma en una oportunidad para la victoria. Estas historias nos recuerdan que el éxito no se mide solo por logros externos, sino también por el crecimiento interior y la fortaleza. Nos enseñan que, con fe en uno mismo y coraje, cualquier desafío puede superarse y los sueños pueden hacerse realidad.

> "Nuestra mayor gloria no está en no caer nunca,
> sino en levantarnos cada vez que caemos."
>
> Confucio

• • •

logro personal 개인적 성취 | abrumador 압도적인 | crecimiento interior 내적 성장 |
fe en uno mismo 자기 자신에 대한 믿음

(해석)

역경을 이겨내다: 개인적 업적을 이룬 영감을 주는 이야기

개인적인 성취의 영역에서는, 성공을 향한 여정에서 아주 힘든 도전을 마주한 개인들이 있습니다. 그들은 불가능해 보이는 장애물을 극복하기 위한 힘과 결단력, 인내력을 보여주었습니다. 신체적인 한계부터 내적인 의문까지, 그들의 이야기는 우리에게 끈기를 갖고 앞으로 나아가도록 영감을 줍니다. 그들의 단호한 결심을 통해, 실패는 승리의 기회로 변모합니다. 이러한 이야기들은 성공은 외부적인 성취뿐만 아니라 내면적인 성장과 강인함으로도 측정되는 것임을 우리에게 상기시켜줍니다. 그들은 자신에 대한 믿음과 용기를 가지면, 어떠한 도전이라도 극복할 수 있고 꿈을 현실로 이룰 수 있다는 것을 우리에게 가르쳐줍니다.

> "우리의 가장 큰 영광은 결코 넘어지지 않는 것이 아니라, 넘어질 때마다 다시 일어서는 것이다."
>
> 공자

En el ámbito de los logros personales, hay individuos que han enfrentado desafíos abrumadores en su camino hacia el éxito.

긍정적인 사고

Pensamiento Positivo

긍정적인 마인드셋을 개발하는 것은 성공과 행복을 추구하는 데
중요한 요소입니다. 이번 주제는 자기 자신에 대한 신뢰,
상황에 대한 긍정적인 관점에 대해 생각할 기회를 제공합니다.

El Poder del Optimismo:
Adoptar una actitud positiva hacia el éxito

Una actitud positiva puede tener un gran impacto en nuestro camino hacia el éxito. Al cultivar una mentalidad positiva, somos capaces de superar dificultades, mantener la resiliencia y alcanzar nuestras metas. El pensamiento positivo nos permite ver oportunidades donde otros solo ven obstáculos, ayudándonos a mantener la motivación, la concentración y la determinación frente a la adversidad. Una actitud positiva mejora nuestro bienestar general, creando una vida más satisfactoria y plena. Adoptar una actitud positiva significa creer en nosotros mismos, mantener la esperanza en el futuro y afrontar cada situación con una perspectiva optimista.

> "Mantén tu cara siempre hacia el sol
> y las sombras caerán detrás de ti."
>
> Walt Whitman

• • •

actitud positiva 긍정적인 태도 | cultivar 기르다 | mentalidad positiva 긍정적인 마인드셋 |
mantener esperanza 희망을 품다

(해석)

낙관주의의 힘: 성공을 향한 긍정적인 태도를 수용하다

긍정적인 태도는 성공을 향해 나아가는 데에 큰 힘을 발휘할 수 있습니다. 긍정적인 마음가짐을 기르면 우리는 어려움을 극복하고 탄력을 유지하며 목표를 달성할 수 있습니다. 긍정적인 사고는 다른 사람들이 장애물만을 보는 상황에서 우리에게 기회를 찾을 수 있게 해주며, 역경에 직면했을 때 동기부여와 집중력을 유지하며 결단력을 갖출 수 있도록 도와줍니다. 긍정적인 태도는 우리의 총체적인 웰빙을 증진시키고 보다 만족스럽고 충실한 삶을 만들어줍니다. 긍정적인 태도를 품는 것은 우리 자신을 믿고 미래에 희망을 품으며 모든 상황을 긍정적인 태도로 대하는 것을 의미합니다.

> "항상 태양을 향해 얼굴을 돌려라. 그러면 그림자는 뒤로 드리워질 것이다."
>
> 월트 휘트먼

Una actitud positiva puede tener un gran impacto en nuestro camino hacia el éxito.

El Arte de la Gratitud:
Cultivar una vida positiva

La gratitud es una práctica transformadora que nos permite cultivar una vida positiva y plena. Consiste en reconocer y expresar aprecio por las bendiciones, experiencias y personas en nuestras vidas. Cuando practicamos la gratitud de manera consciente, fomentamos la abundancia y la satisfacción al enfocarnos en lo que tenemos en lugar de lo que nos falta. La gratitud trae numerosos beneficios, como aumentar la felicidad, mejorar las relaciones y promover el bienestar general. Al integrar la gratitud en nuestra vida diaria, desarrollamos una perspectiva más positiva y atraemos aún más positividad. Al abrazar el arte de la gratitud, adquirimos la capacidad de vivir una vida más abundante y optimista.

> **"No es la felicidad lo que nos hace agradecidos;**
> **es la gratitud lo que nos hace felices."**
>
> David Steindl-Rast

• • •

gratitud 감사 │ práctica transformadora 변화를 가져오는 실천 │ expresar aprecio 감사를 표현하다 │
adquirir capacidad 능력을 얻다

──(해석)──

감사의 예술: 긍정적인 삶을 기르다

감사는 우리가 충만하고 긍정적인 삶을 개척할 수 있도록 만들어 주는 변화를 가져오는 실천입니다. 이는 우리 삶에서 받은 축복, 경험, 그리고 사람들에 대한 감사를 인정하고 표현하는 것을 포함합니다. 우리가 의식적으로 감사를 실천할 때, 우리는 부족한 것보다 우리가 가진 것에 집중함으로써 풍요와 만족감을 고양시킵니다. 감사는 행복감을 증진시키고 관계를 향상시키며 전반적인 웰빙을 촉진시키는 등 많은 이익을 가져옵니다. 매일의 삶에 감사함을 더함으로써 우리는 더 긍정적인 시각을 개발하고 더 많은 긍정을 유도할 수 있습니다. 감사의 예술을 받아들이면 더욱 풍요롭고 낙관적인 삶을 사는 능력을 얻을 수 있습니다.

> "행복이 우리를 감사하게 만드는 것이 아니라, 감사함이 우리를 행복하게 만든다."
>
> 데이비드 스테인들-라스트

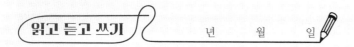

La gratitud es una práctica transformadora que nos
permite cultivar una vida positiva y plena.

El Poder del Autodiálogo Positivo: Impulsar el crecimiento y el éxito personal

El autodiálogo positivo es una herramienta muy eficaz para el crecimiento personal y el éxito. Consiste en dirigir conscientemente nuestra conversación interna de manera positiva y constructiva. Al reemplazar el diálogo negativo y las creencias limitantes con afirmaciones positivas y seguras, podemos reestructurar nuestra mentalidad y aumentar nuestra confianza. El autodiálogo positivo nos ayuda a superar obstáculos, mantener la motivación y enfrentar los desafíos. Actúa como una voz interna de apoyo que nos anima a aceptar nuestras fortalezas, aprovechar oportunidades y creer en nuestra capacidad para alcanzar metas. Al practicar consistentemente el autodiálogo positivo, desarrollamos una mentalidad resiliente que nos permite superar la adversidad y desplegar todo nuestro potencial.

> **"Cambia tus pensamientos y cambiarás tu mundo."**
> Norman Vincent Peale

• • •

autodiálogo positivo 긍정적인 자기 대화 │ creencia limitante 제한적인 믿음 │ afirmación positiva 긍정적인 확언 │ mentalidad resiliente 탄력적인 사고 방식

(해석)

긍정적인 자기 대화의 힘: 개인적인 성장과 성공을 끌어내다

자신과의 긍정적인 자기 대화는 개인적인 성장과 성공을 위한 굉장히 효과적인 도구입니다. 이는 내적 대화를 의식적으로 긍정적이고 건설적인 방식으로 이끄는 것을 의미합니다. 부정적인 자기 대화와 제한적인 믿음을 긍정적이고 확신에 찬 확언으로 대체함으로써 우리의 사고방식을 재구성하고 자신감을 높일 수 있습니다. 긍정적인 자기 대화는 우리가 장애물을 극복하고 동기부여를 유지하며 도전에 마주할 수 있도록 도와줍니다. 이는 우리의 강점을 받아들이고 기회를 활용하며 목표를 달성할 능력을 믿도록 독려하는 내면에서 지지하는 목소리의 역할을 합니다. 긍정적인 자기 대화를 꾸준히 실천함으로써 우리는 역경을 극복하고 우리의 전체적인 잠재력을 발휘할 수 있는 탄력적인 사고 방식을 기를 수 있습니다.

> "당신의 생각을 바꾸면 당신의 세상이 바뀔 것이다."
> 노먼 빈센트 필

El autodiálogo positivo es una herramienta muy eficaz para el crecimiento personal y el éxito.

시간 관리

Gestión del Tiempo

효율적인 시간 관리는 성공적인 삶을 살기 위해 필수적입니다.
이번 주제는 시간을 효과적으로 계획하고 우선순위를 정하는 방법,
작업을 완료하는 데 필요한 스킬 등에 대한 조언을 제공합니다.

Maximización de la Productividad:
El arte de establecer prioridades efectivas

Para maximizar la productividad, es fundamental priorizar las tareas de manera efectiva. Al identificar la importancia y urgencia de cada tarea, podemos asignar tiempo y energía de manera adecuada, optimizando el flujo de trabajo y alcanzando nuestras metas. Establecer prioridades nos ayuda a evaluar la relevancia y urgencia de cada actividad, permitiéndonos enfocarnos en lo que realmente importa. Las decisiones cuidadosas sobre las prioridades de trabajo aumentan la eficiencia y aseguran que las tareas esenciales se completen a tiempo. La habilidad de priorizar de manera efectiva es una técnica valiosa que facilita el máximo aprovechamiento del tiempo y los recursos.

> "Lo que se puede hacer en cualquier momento,
> no se hace en ningún momento."
>
> Proverbio español

● ● ●

maximizar productividad 생산성을 극대화하다 | priorizar tareas 업무에 우선순위를 두다 |
flujo de trabajo 작업 흐름 | relevancia y urgencia 중요도와 긴급함 | aprovechamiento del tiempo 시간의 활용

──(해석)──

생산성 극대화: 효과적인 작업 우선순위 설정의 기술

생산성을 극대화하기 위해서는 효과적으로 업무의 우선순위를 정하는 것이 중요합니다. 각 업무의 중요도와 긴급함을 파악하고 그에 따라 시간과 에너지를 적절하게 할당함으로써 작업 흐름을 최적화하고 목표를 달성할 수 있습니다. 우선순위를 정하는 것은 각기 활동의 중요성과 긴급함을 평가하도록 도와줌으로써 진정으로 중요한 것에 집중할 수 있도록 만들어 줍니다. 업무 우선순위에 대한 신중한 결정은 효율성을 높이고 필수적인 작업을 적시에 완료할 수 있도록 합니다. 효과적으로 우선순위를 정하는 능력은 시간과 자원의 최대 활용을 제공하는 귀중한 기술입니다.

> "언제든 할 수 있는 일은 결국 어느 때에도 하지 못한다."
>
> 스페인 속담

MP3

Para maximizar la productividad, es fundamental

priorizar las tareas de manera efectiva.

El Camino hacia el Éxito: Adquirir habilidades de gestión del tiempo y fijación de metas

La fijación efectiva de metas y la gestión del tiempo son fundamentales para alcanzar el éxito. Al establecer objetivos claros y específicos, obtenemos dirección y un sentido de propósito. Estos objetivos actúan como una guía que orienta nuestras acciones y decisiones. Además, gestionar el tiempo de manera eficiente nos permite asignar el tiempo y los recursos necesarios a las tareas que conducen a nuestras metas. Priorizar tareas, crear horarios y evitar la procrastinación son estrategias esenciales de la gestión del tiempo. Al alinear nuestro tiempo con nuestros objetivos, logramos un progreso continuo y nos enfocamos en lo que realmente importa.

> **"Un pequeño paso es el principio de un gran viaje."**
> Proverbio chino

• • •

fijación de meta 목표 설정 | gestión del tiempo 시간 관리 | sentido de propósito 목적 의식 |
evitar procrastinación 미루는 것을 피하다 | progreso continuo 지속적인 진전

(해석)

성공을 향한 길: 목표 설정과 시간 관리 기술의 습득

효과적인 목표 설정과 시간 관리는 성공을 달성하는 데 있어서 중요합니다. 명확하고 구체적인 목표를 설정함으로써 방향성과 목적의식을 얻게 됩니다. 이러한 목표는 행동과 결정을 이끌어주는 지도 역할을 합니다. 또한, 시간을 효율적으로 관리하는 것은 우리로 하여금 목표를 향한 작업에 필요한 시간과 자원을 할당할 수 있도록 만들어 줍니다. 업무 우선순위를 정하고 일정을 만들며 미루기를 피하는 것은 시간 관리의 필수적인 전략입니다. 시간을 목표와 조화시킴으로써 지속적인 진전을 이루고 진정으로 중요한 것에 집중할 수 있습니다.

> "작은 발걸음이 위대한 여정의 시작이다."
> 중국 속담

La fijación efectiva de metas y la gestión del tiempo son
fundamentales para alcanzar el éxito.

Superar la Procrastinación:
Aumento de la productividad y logro del éxito

La procrastinación es un factor que obstaculiza la productividad y el éxito. Al comprender las causas subyacentes de la procrastinación e implementar estrategias efectivas, podemos superar este hábito. Dividir las tareas en pequeños pasos reduce la sensación de presión. Establecer plazos y crear un horario estructurado ayuda a mantener la concentración y la responsabilidad. Además, desarrollar autodisciplina y una mentalidad proactiva es clave para combatir la procrastinación. Actuar a tiempo y minimizar las distracciones aumenta la productividad, facilita el logro de metas y contribuye al éxito personal y profesional.

> **"No dejes para mañana lo que puedas hacer hoy."**
> Benjamin Franklin

• • •

causa subyacente 근본적인 원인 | autodisciplina 자기훈련 | mentalidad proactiva 적극적인 사고방식 |
minimizar distracción 산만함을 최소화하다

─(해석)─

미루기를 극복하다: 생산성 향상과 성공 달성

일을 미루는 것은 생산성과 성공을 방해하는 요인입니다. 미루기의 근본적인 원인을 이해하고 효과적인 전략을 실행함으로써 이러한 습관은 극복할 수 있습니다. 일을 작은 단계로 나누어 처리하는 것은 압박감을 줄여줍니다. 마감일을 정하고 구조적인 일정을 만들면 집중력과 책임감을 유지할 수 있습니다. 또한, 자기 훈련과 선제적인 마인드셋을 개발하는 것이 미루기에 대항하기 위한 비결입니다. 적시에 행동을 취하고 산만함을 최소화하는 것은 생산성을 높이고 목표 달성을 쉽게 해주며 개인적이고 직업적인 성취를 이루는데 기여합니다.

> "오늘 할 수 있는 일을 내일로 미루지 말라."
> 벤자민 프랭클린

MP3

La procrastinación es un factor que obstaculiza la productividad y el éxito.

재정 관리

|

Gestión Financiera

금전적인 측면에서의 스마트한 결정은 안정적인 미래를 위해 중요합니다.
예산 관리, 투자 전략, 부동산 투자 등 금융 관리에 관한 조언을
눈여겨보면 도움이 될 것입니다.

Estrategias Inteligentes de Ahorro: Construir un futuro financiero sólido

Las estrategias efectivas de ahorro son esenciales para alcanzar metas financieras y acumular riqueza a largo plazo. Comienza estableciendo objetivos claros para emergencias, compras importantes e inversiones. Automatiza tus ahorros mediante transferencias regulares y controla estrictamente tus gastos. Explora cuentas de ahorro con altos rendimientos u opciones de inversión para maximizar el crecimiento de tus ahorros. Revisa y ajusta tus estrategias de ahorro regularmente para adaptarte a situaciones cambiantes. Cultiva hábitos de ahorro y toma decisiones conscientes para evitar gastos innecesarios. Al adoptar estrategias inteligentes de ahorro, puedes asegurar la estabilidad financiera y construir una base sólida para la acumulación de riqueza futura.

> "No es rico el que más tiene, sino el que menos necesita."
>
> Anónimo

• • •

estrategia de ahorro 저축 전략 | objetivo claro 명확한 목표 | transferencia regular 정기 이체 | crecimiento de ahorro 저축 성장 | hábito de ahorro 저축 습관

─(해석)─

현명한 저축 전략: 견고한 재정적 미래 구축하기

효과적인 저축 전략은 재정 목표를 달성하고 장기적으로 재산을 축적하기 위해서 필수입니다. 비상 상황, 중요한 구매 및 투자를 위한 명확한 목표를 설정하는 것으로 시작하세요. 정기적인 이체로 저축을 자동화하고 지출을 철저히 통제하세요. 고수익 저축 계좌나 투자 옵션을 조사하여 저축 성장을 극대화하세요. 변화하는 상황에 맞춰 저축 전략을 정기적으로 검토하고 조정하세요. 절약의 습관을 기르고 불필요한 지출을 피하기 위해 의식적인 선택을 하세요. 스마트한 저축 전략을 채택함으로써 재정 안정을 확보하고 미래의 재산 축적을 위한 견고한 기반을 마련할 수 있습니다.

> "가장 부유한 사람은 더 많이 가진 사람이 아니라, 더 적게 필요로 하는 사람이다."
>
> 익명

Las estrategias efectivas de ahorro son esenciales para
alcanzar metas financieras y acumular riqueza a largo
plazo.

Inversión para el Crecimiento Financiero: Caminar hacia el éxito financiero

La inversión es una herramienta poderosa para hacer crecer la riqueza, pero es fundamental comprender sus conceptos básicos. Es importante establecer objetivos de inversión claros e investigar diversas opciones como acciones, bonos y fondos mutuos. Diversificar los activos en diferentes áreas ayuda a gestionar el riesgo y maximizar los rendimientos. Monitorea tu portafolio regularmente y mantente informado sobre las tendencias del mercado para realizar ajustes oportunos. Buscar el asesoramiento de expertos y mantener el control emocional ofrece una guía valiosa. Mantener una visión a largo plazo y comprender los riesgos son claves fundamentales para lograr el éxito en las inversiones.

> "No pongas todos los huevos en una sola canasta."
>
> Benjamin Franklin

• • •

inversión 투자 | diversificar activo 자산을 분산하다 | gestionar riesgo 위험을 관리하다 | rendimiento 수익 |
visión a largo plazo 장기적인 시각

(해석)

재정적 성장을 위한 투자: 재정적 성공을 위한 길을 걷다

투자는 재산을 증가시키는 강력한 방법이지만, 기본 사항을 이해하는 것이 필수적입니다. 투자 목표를 명확히 설정하고 주식, 채권, 상호 펀드 등 다양한 옵션을 연구하는 것이 중요합니다. 자산을 다양한 분야에 분산하는 것은 위험을 관리하고 수익을 극대화하도록 도와줍니다. 포트폴리오를 정기적으로 모니터링하고 시장 동향을 파악하여 적시에 조정할 수 있도록 하세요. 전문가의 조언을 구하고 감정을 통제하는 것은 귀중한 가이드가 되어줍니다. 장기적인 시각을 유지하고 위험을 이해하는 것이 투자에서 성공을 이루는 핵심입니다.

> "모든 달걀을 한 바구니에 담지 마라."
>
> 벤저민 프랭클린

La inversión es una herramienta poderosa para hacer
crecer la riqueza, pero es fundamental comprender sus
conceptos básicos.

Técnicas de Gestión de Deudas:
Crear el camino hacia la libertad financiera

Gestionar la deuda de manera efectiva es crucial para lograr la libertad financiera. Al aplicar estrategias comprobadas, puedes controlar las deudas y construir un futuro financiero estable. Primero, es esencial crear un presupuesto práctico que considere el pago de deudas y los gastos esenciales. Prioriza la liquidación de deudas según las tasas de interés y los montos pendientes; consolidar las deudas en un único pago con un interés más bajo también puede ser útil. Negociar con los acreedores para reducir las tasas de interés o extender los plazos de pago puede aliviar la carga financiera. Por último, adopta hábitos de consumo responsables y evita contraer deudas innecesarias para prevenir futuros problemas financieros. A través de una gestión sistemática de las deudas, puedes avanzar hacia la estabilidad y la independencia financiera.

> "La mejor forma de predecir el futuro es crearlo."
> Peter Drucker

• • •

gestionar deuda 부채를 관리하다 | libertad financiera 재정적 자유 | presupuesto práctico 실용적인 예산 | consolidar 통합하다 | hábito de consumo responsable 책임 있는 소비 습관

(해석)

부채 관리 기법: 재정적 자유를 위한 길을 만들다

부채를 효과적으로 관리하는 것은 재무 자유를 얻기 위해 결정적입니다. 입증된 전략을 사용하여 부채를 통제하고 안정적인 재무 미래를 구축할 수 있습니다. 우선, 부채 상환과 필수 지출을 고려한 실용적인 예산을 만드는 것이 중요합니다. 이자율과 상환 금액을 기준으로 부채 상환을 우선순위에 맞추고, 이자율이 낮은 단일 지불로 부채를 통합하는 것도 도움이 될 수 있습니다. 또한, 채권자와 협상하여 이자율을 낮추거나 상환 기간을 연장하는 것도 경제적인 부담을 줄일 수 있습니다. 마지막으로, 책임 있는 소비 습관을 갖추고 불필요한 부채를 피함으로써 향후 재정적인 어려움을 방지할 수 있습니다. 체계적인 부채 관리를 통해 재정 안정과 독립을 향해 나아갈 수 있습니다.

> "미래를 예측하는 가장 좋은 방법은 그것을 만들어 가는 것이다."
> 피터 드러커

Gestionar la deuda de manera efectiva es crucial para lograr la libertad financiera.

건강과 웰빙

Salud y Bienestar

건강과 웰빙은 행복하고 성공적인 삶을 위한 필수 요소입니다.
신체적, 정신적, 감정적인 건강을 증진시키는 방법과
운동, 영양소 섭취, 명상 등에 대한 생각을 정리해 보세요.

Fomentar la Salud Mental para el Bienestar General: Estrategias para el equilibrio emocional y la resiliencia

Cuidar nuestra salud mental es esencial para el bienestar general y el equilibrio emocional. Esto implica el autocuidado, buscar apoyo cuando sea necesario y adoptar estrategias saludables de afrontamiento. Las estrategias para promover el bienestar mental incluyen la meditación, el ejercicio y la construcción de relaciones. Es importante gestionar los factores de estrés, controlar los pensamientos negativos y desarrollar resiliencia. Aceptar y expresar las emociones, mejorar las habilidades de comunicación y participar en actividades gratificantes contribuye al equilibrio emocional. Al priorizar la salud mental, mejoramos nuestra calidad de vida y desarrollamos una mayor resiliencia frente a los desafíos.

> "No hay salud sin salud mental."
> David Satcher

• • •

salud mental 정신 건강 | autocuidado 자기 관리 | estrategia de afrontamiento 대처 전략 | factor de estrés 스트레스 요인 | equilibrio emocional 감정적 균형

(해석)

전반적인 웰빙을 위한 정신 건강 육성: 감정적 균형과 회복력을 위한 전략

우리의 정신 건강을 돌보는 것은 전반적인 웰빙과 감정적인 균형을 위해 필수적입니다. 이는 자기 관리, 필요할 때 지원을 찾기, 건강한 대처 전략을 채택하는 것을 포함합니다. 정신적 웰빙을 증진하기 위한 전략으로는 명상, 운동, 관계 형성 등이 있습니다. 스트레스 요인을 다루고 부정적인 생각을 관리하며 내성을 갖추는 것이 중요합니다. 감정을 받아들이고 표현하며 의사소통 기술을 발전시키고 충족스러운 활동에 참여하는 것은 감정적 균형에 기여합니다. 정신 건강을 우선시함으로써 삶의 질을 향상시키고 도전에 대해 더 큰 회복력을 발휘할 수 있습니다.

> "정신적인 건강이 없으면 진정한 건강도 없다."
> 데이비드 새처

Gestionar la deuda de manera efectiva es crucial para

general y el equilibrio emocional.

Desarrollar Resiliencia: Estrategias efectivas de manejo del estrés

En el mundo de rápidos cambios de hoy, la gestión efectiva del estrés es esencial para afrontar desafíos y desarrollar resiliencia. En particular, comprender los factores desencadenantes del estrés y sus efectos es el primer paso. También técnicas de relajación como la respiración profunda, la meditación o el yoga pueden ser útiles. Además el ejercicio regular, un estilo de vida equilibrado y el autocuidado son fundamentales. Además de eso, establecer sistemas de apoyo con amigos, familiares o profesionales proporciona un espacio para expresar emociones y recibir orientación. Al establecer metas realistas, gestionar el tiempo sabiamente y fomentar el pensamiento positivo, se puede reducir el estrés y mejorar la resiliencia. Implementar estas estrategias mejora el bienestar, ayuda a mantener el equilibrio y facilita la superación efectiva del estrés.

"No puedes detener las olas, pero puedes aprender a surfear."

Jon Kabat-Zinn

• • •

gestión del estrés 스트레스 관리 | factor desencadenante 유발 요인 | técnica de relajación 이완 기법

(해석)

회복력 키우기: 효과적인 스트레스 관리 전략

오늘날 빠른 변화의 세상에서 도전에 직면하고 회복력을 기르기 위한 효과적인 스트레스 관리는 필수입니다. 특히 스트레스의 유발 요인과 영향을 이해하는 것이 첫 번째 단계입니다. 심호흡, 명상 또는 요가와 같은 이완 기법도 도움이 될 수 있습니다. 더불어 규칙적인 운동, 균형 잡힌 생활, 자기 관리도 중요합니다. 여기에 더해 친구, 가족 또는 전문가들과의 지원 시스템을 갖추는 것은 감정을 표현하고 지도를 받을 수 있는 공간이 되어 줄 것입니다. 현실적인 목표를 설정하고 시간을 현명하게 관리하며 긍정적인 생각을 키움으로써 스트레스를 줄이고 회복력을 향상시킬 수 있습니다. 이러한 전략을 시행하는 것은 웰빙을 향상시키고 균형을 유지해주며 스트레스를 원활하게 극복할 수 있도록 도와줍니다.

"파도를 멈출 수는 없지만, 서핑하는 법을 배울 수는 있다."

존 카밧진

En el mundo de rápidos cambios de hoy, la gestión efectiva
del estrés es esencial para afrontar desafíos y desarrollar
resiliencia.

Nutrir el Cuerpo:
La importancia de una nutrición adecuada

Una nutrición adecuada es esencial para una vida saludable y un bienestar óptimo. Esto implica tomar decisiones informadas sobre la alimentación y mantener una dieta equilibrada que satisfaga las necesidades del cuerpo. Incluye alimentos ricos en nutrientes como frutas, verduras, granos enteros, proteínas magras y grasas saludables. Es importante priorizar alimentos frescos y no procesados, y limitar el consumo de bebidas azucaradas y aperitivos ultraprocesados. El control adecuado de las porciones y la práctica de una alimentación consciente también contribuyen a una nutrición efectiva. Mantenerse hidratado mediante una ingesta adecuada de agua es fundamental. Estas prácticas promueven el bienestar, apoyan las funciones del cuerpo y reducen el riesgo de enfermedades crónicas.

> **"Que tu medicina sea tu alimento, y el alimento tu medicina."**
>
> Hipócrates

• • •

nutrición adecuada 적절한 영양섭취 ｜ dieta equilibrada 균형 잡힌 식단 ｜
alimento rico en nutriente 영양이 풍부한 식품 ｜ control de porción 식사량 조절 ｜ enfermedad crónica 만성 질환

──(해석)──

몸에 영양 공급하기: 적절한 영양섭취의 중요성

적절한 영양섭취는 건강한 생활과 최적의 웰빙을 위해 필수적입니다. 이는 정보를 바탕으로 한 영양섭취 결정과 우리 몸의 요구를 충족시키는 균형 잡힌 식단을 유지하는 것을 의미합니다. 이에는 과일, 채소, 통곡물, 저지방 단백질, 건강한 지방 등 영양소가 풍부한 식품이 포함됩니다. 신선하고 가공되지 않은 식품을 우선으로 선택하고, 당이 많은 음료와 과도하게 가공된 과자의 섭취를 제한하는 것이 중요합니다. 적절한 식사량 조절과 의식적인 식사 습관 실천도 효율적인 영양섭취에 도움이 됩니다. 충분한 물 섭취를 통해 수분을 유지하는 것도 중요합니다. 이러한 실천 방법은 웰빙을 증진시키고 신체 기능을 지원하며 만성 질환의 위험을 감소시킵니다.

> "당신의 음식이 약이 되게 하고, 약이 당신의 음식이 되게 하라."
>
> 히포크라테스

읽고 듣고 쓰기　　　년　　월　　일

MP3

Una nutrición adecuada es esencial para una vida

saludable y un bienestar óptimo.

자기 탐구

Autoexploración

자신을 이해하고 자기 신념을 발전시키는 것은
인생의 여정에서 중요한 과정입니다.
자아 발견, 목표 설정, 자아 성장 등에 관한 생각을
정리하는 기회를 가져보세요.

Una Vida Armoniosa:
El poder de descubrir los valores

Al dedicar tiempo a comprender tus valores, obtienes claridad sobre lo que influye en tus decisiones, moldea tus acciones y afecta tu satisfacción general. Los valores actúan como una brújula que te guía para tomar elecciones alineadas con quién eres y lo que defiendes. Sirven como base para el crecimiento personal, ayudándote a priorizar tus metas, formar relaciones significativas y crear un sentido de propósito en tu vida. Cuando vives en armonía con tus valores, tomas decisiones que te permiten vivir con autenticidad y avanzar hacia una vida plena y con propósito.

> **"La felicidad es cuando lo que piensas, lo que dices y lo que haces están en armonía."**
> Mahatma Gandhi

• • •

comprender valor 가치를 이해하다 | brújula 나침반 | sentido de propósito 목적의식 |
vivir con autenticidad 진정성 있게 살다

(**해석**)

조화로운 삶: 가치를 발견하는 힘

가치를 이해하기 위해 시간을 할애함으로써, 당신의 결정에 영향을 주는 것과 행동을 형성하는 것, 전반적인 만족감에 영향을 미치는 것이 무엇인지 명확히 알게 됩니다. 가치는 당신이 누구이며 지지하는 것에 부합하는 선택을 할 수 있도록 당신을 안내하는 나침반이 됩니다. 이는 개인적인 성장의 기초로 작용하여 목표를 우선순위에 두고 의미 있는 관계를 형성하며, 삶에서 목적의식을 만드는 데 도움을 줍니다. 가치와 조화를 이룰 때, 진정성 있게 살아가며, 충족감과 목적 의식을 갖춘 삶으로 나아갈 수 있는 결정을 할 수 있습니다.

> "행복이란 당신이 생각하는 것, 말하는 것, 행동하는 것이 조화를 이룰 때 존재한다."
> 마하트마 간디

MP3

Al dedicar tiempo a comprender tus valores, obtienes

claridad sobre lo que influye en tus decisiones,

moldea tus acciones y afecta tu satisfacción general.

El Poder de la Autorreflexión:
La clave para el crecimiento personal

La autorreflexión es un componente esencial para el crecimiento personal, e implica el pensamiento introspectivo y una profunda autoconciencia. Al iluminar tus pensamientos, emociones y experiencias, obtienes valiosas perspectivas sobre tus fortalezas, debilidades y áreas de mejora. Evaluar tus creencias, valores y metas te ayuda a alinearte con tu verdadera esencia. Identificar patrones, hábitos y comportamientos que obstaculizan tu progreso permite impulsar cambios positivos. A través de la autorreflexión, desarrollas una mayor comprensión de tus motivaciones y aspiraciones, lo que fomenta tu crecimiento y confianza. Te capacita para tomar decisiones intencionadas alineadas con tus deseos genuinos.

> "Conócete a ti mismo y conocerás el universo y a los dioses."
>
> Sócrates

• • •

autorreflexión 자기반성 | pensamiento introspectivo 자기 성찰적인 사고 | fortaleza y debilidad 강점과 약점 | patrón y hábito 패턴과 습관 | deseo genuino 진정한 욕구

(해석)

자기 반성의 힘: 개인 성장을 위한 열쇠

자기반성은 개인적인 성장을 위해 필수적인 요소로, 자기 성찰적인 사고와 깊이 있는 자의식을 포함합니다. 생각, 감정, 경험을 비춤으로써, 강점, 약점, 발전 가능한 영역에 대한 소중한 통찰력을 얻을 수 있습니다. 신념, 가치, 목표를 평가하는 것은 스스로를 진정한 본질과 일치시키는 데 도움을 줍니다. 전진을 방해하는 패턴, 습관, 행동을 확인하는 것은 긍정적인 변화를 이끌어냅니다. 자기반성을 통해 동기와 열망에 대한 이해를 더욱 발전시켜 성장과 자신감을 촉진시키게 됩니다. 이것은 진정한 욕구와 일치하는 목적성 있는 결정을 내릴 수 있도록 도와줍니다.

> "너 자신을 알라, 그러면 우주와 신들을 알게 될 것이다."
>
> 소크라테스

La autorreflexión es un componente esencial para el crecimiento personal, e implica el pensamiento introspectivo y una profunda autoconciencia.

Aceptar la Autenticidad: Vivir una vida genuina

Abrazar la autenticidad significa respetar tu verdadero yo, celebrar tu singularidad y no temer el juicio. Implica alinear tus acciones, elecciones y valores con tus creencias internas. Es fundamental expresar autenticidad en tus relaciones, carrera y metas personales. La autenticidad ayuda a cultivar la autoaceptación, la confianza y la paz interior. Al soltar las expectativas sociales, puedes vivir una vida alineada con tus aspiraciones personales. Esto te permite expresar tus pensamientos, emociones y opiniones de manera genuina, fomentando conexiones profundas basadas en la comprensión y la aceptación.

> **"Ser uno mismo en un mundo que constantemente intenta hacerte otra cosa es el mayor logro."**
>
> Ralph Waldo Emerson

• • •

abrazar autenticidad 진정한 자신을 받아들이다 | celebrar singularidad 독창성을 축하하다 |
autoaceptación 자기 수용 | expectativa social 사회적 기대 | conexión profunda 깊은 연계

(해석)

진정한 자신을 받아들이기: 진정한 삶을 사는 법

진정성있게 자신을 받아들인다는 것은 진정한 자신을 존중하고 자신만의 특별함을 축하하며 판단을 두려워하지 않는 것을 의미합니다. 행동, 선택, 가치를 내적 신념과 일치시키는 것을 포함합니다. 관계, 직업, 개인적인 목표에서 진정성을 발휘하는 것이 중요합니다. 진정성은 자아 인정, 자신감, 내적 평화를 기르는 데 도움을 줍니다. 사회적인 기대를 놓아주면 개인적인 염원과 일치하는 삶을 살 수 있습니다. 이는 생각, 감정, 의견을 진실되게 표현하고 이해와 수용에 기초한 깊은 연계를 유도합니다.

> "끊임없이 다른 사람이 되기를 강요하는 세상에서 자신으로 존재하는 것이 가장 큰 성취이다."
>
> 랄프 왈도 에머슨

Abrazar la autenticidad significa respetar tu verdadero yo, celebrar tu singularidad y no temer el juicio.

창의성

—

Creatividad

창의성은 문제 해결, 혁신, 자기표현 등에 필요한 능력입니다.
창의적인 사고방식, 아이디어 발전, 예술과 디자인 등에 대해
생각하는 시간을 가져 보세요.

Fomentar el Pensamiento Creativo: Desplegar el potencial innovador

Fomentar el pensamiento creativo requiere crear un entorno que cultive ideas innovadoras y anime a desafiar lo convencional. Es fundamental mantener la curiosidad, cuestionar suposiciones constantemente y liberarse de los patrones de pensamiento tradicionales. Los pensadores creativos exploran activamente nuevas perspectivas, establecen conexiones entre conceptos no relacionados y amplían los límites de las posibilidades. Asumen riesgos, aprenden del fracaso y refinan continuamente sus ideas. Cultivar el pensamiento creativo mejora las habilidades para resolver problemas, promueve la adaptabilidad e inspira innovación en diversos aspectos de la vida. Al nutrir el pensamiento creativo, las personas liberan el potencial de ideas transformadoras que pueden dar forma al mundo.

> "La creatividad es inteligencia divirtiéndose."
> Albert Einstein

• • •

pensamiento creativo 창의적 사고 | desafiar lo convencional 관행에 도전하다 |
cuestionar suposición 의문을 제기하다 | asumir riesgo 위험을 감수하다 | idea transformadora 변혁적인 아이디어

───(해석)───

창의적 사고 기르기: 혁신적 잠재력 풀어나가기

창의적 사고를 기르기 위해서는 혁신적인 아이디어를 육성하고 관행을 벗어나는 것을 장려하는 환경을 조성해야 합니다. 호기심을 가져야 하며, 가정을 도전하고 전통적인 사고 패턴에서 벗어나야 합니다. 창의적 사고자들은 새로운 시각을 적극적으로 탐구하고 관련 없는 개념 사이에서 연결을 만들며 가능성의 경계를 넓힙니다. 그들은 위험을 감수하며 실패로부터 배우고 아이디어를 지속적으로 개선합니다. 창의적 사고를 기르면 문제 해결 능력이 향상되고 적응력이 증진되며 삶의 다양한 측면에서 영감과 혁신이 불러일으킵니다. 창의적 사고를 양성함으로써 개인은 세계를 형성하는 변혁적인 아이디어의 잠재력을 발휘할 수 있습니다.

> "창의성은 즐기는 지혜다."
> 알버트 아인슈타인

Fomentar el pensamiento creativo requiere crear un
entorno que cultive ideas innovadoras y anime a desafiar
lo convencional.

Fomentar la Colaboración Creativa: Desplegar la creatividad colectiva

Fomentar una cultura de colaboración y creatividad es esencial para inspirar ideas innovadoras y lograr el éxito colectivo. Esto implica crear un entorno inclusivo donde los individuos puedan compartir libremente pensamientos, talentos y conocimientos especializados. Al promover la comunicación abierta, la escucha activa y la retroalimentación constructiva, los equipos aprovechan el poder de la inteligencia colectiva. La colaboración impulsa la creatividad al combinar diversas perspectivas, generar nuevas conexiones y desafiar el pensamiento convencional. Facilita la sinergia y la integración fluida de ideas, dando lugar a soluciones innovadoras. Al adoptar la colaboración creativa, las organizaciones liberan su máximo potencial, estimulan la innovación y logran resultados excepcionales.

> "La unión hace la fuerza."
> Esopo

• • •

colaboración y creatividad 협업과 창의성 | entorno inclusivo 포용적인 환경 | retroalimentación constructiva 건설적인 피드백 | inteligencia colectiva 집단 지성 | pensamiento convencional 관습적인 사고

(해석)

창의적인 협업 장려하기: 집단적인 창의력 풀어나가기

협업과 창의성을 육성하는 문화는 혁신적인 아이디어를 불어넣고 집단적인 성공을 이끌기 위해 중요합니다. 이는 개인이 자유롭게 생각이나 재능, 전문적인 지식을 공유할 수 있는 포용적인 환경을 조성하는 것을 의미합니다. 개방적인 커뮤니케이션, 적극적인 듣기, 건설적인 피드백을 장려함으로써, 팀은 집단 지성의 힘을 활용합니다. 협업은 다양한 시각을 활용하여 창의성을 자극하고 새로운 연결을 만들며 관행적인 사고에 도전하는 것을 의미합니다. 이는 시너지와 아이디어의 원활한 통합을 촉진하여 혁신적인 해결책을 도출합니다. 창의적인 협업을 수용함으로써 조직은 최대한의 잠재력을 발휘하고 혁신을 유발하며 탁월한 결과를 이룰 수 있습니다.

> "단결은 힘을 만든다."
> 이솝

MP3

Fomentar una cultura de colaboración y creatividad es
esencial para inspirar ideas innovadoras y lograr el
éxito colectivo.

Expandir la Creatividad:
Inyectar inspiración en la vida cotidiana

Integrar la creatividad en la vida cotidiana significa infundir imaginación, innovación y originalidad en las actividades y rutinas diarias. Esto implica buscar soluciones creativas, romper con las estructuras tradicionales y adoptar nuevas perspectivas. Al incorporar la creatividad en actividades artísticas, resolución de problemas o tareas cotidianas, el pensamiento creativo genera alegría, inspiración y vitalidad. Al valorar la creatividad y cultivar una mentalidad que busque activamente oportunidades para expresarla, liberamos nuestro potencial creativo. De esta manera, construimos una vida más vibrante y plena, llena de dinamismo e inspiración en cada aspecto de lo cotidiano.

> "La creatividad es contagiosa, pásala."
> Albert Einstein

• • •

integrar creatividad 창의성을 통합하다 | solución creativa 창의적인 해결책 |
romper con estructura tradicional 전통적 구조를 깨다 | vida vibrante y plena 활기차고 충만한 삶

(해석)

창의성 확장하기: 일상 속에 영감 불어넣기

일상에 창의성을 통합시키는 것은 일상적인 활동과 루틴에 상상력, 혁신성, 독창성을 불어넣는 것입니다. 이는 창의적인 해결책을 찾으며 전통적인 틀을 깨고 새로운 관점을 받아들이는 것을 의미합니다. 예술적인 활동, 문제 해결, 혹은 단순한 일상적인 업무에 창의성을 불어넣을 때, 창조적 사고는 기쁨, 영감, 그리고 생명력을 일으킵니다. 창의성을 높은 가치로 여기고, 그것을 표현할 기회를 적극적으로 찾는 마음가짐을 기르면서 우리는 내면의 창의력을 발휘하게 됩니다. 이렇게 일상 속에서 더욱 활기차고 충만하며 매일의 모든 면에서 역동성과 영감으로 가득 찬 삶을 만들어갈 수 있습니다.

> "창의성은 전염된다. 그것을 퍼뜨려라."
> 알베르트 아인슈타인

Integrar la creatividad en la vida cotidiana significa infundir imaginación, innovación y originalidad en las actividades y rutinas diarias.

관계

Relaciones

건강한 관계는 행복하고 만족스러운 삶을 위해 필수적입니다.
가족, 친구, 동료와의 관계 형성, 커뮤니케이션 기술,
갈등 해결 등에 관한 조언에 귀 기울여 보세요.

Cultivar Conexiones Significativas: Fomentar relaciones sólidas

Construir relaciones sólidas significa formar conexiones humanas significativas que perduren con el tiempo. Implica invertir tiempo, esfuerzo e interés genuino en los vínculos con los demás. Al escuchar activamente, mostrar empatía y brindar apoyo mutuo, se cultivan la confianza, la intimidad y la comprensión. Construir relaciones fuertes también significa celebrar los éxitos de los demás, estar presentes en los momentos difíciles y mantener un sentido de pertenencia y aceptación. Estas conexiones enriquecen nuestras vidas, nos brindan apoyo y compañía, y contribuyen a nuestro bienestar general. A través del diálogo honesto, experiencias compartidas y un compromiso con el crecimiento personal, podemos mantener relaciones duraderas que nos llenen de alegría y satisfacción.

> **"La amistad duplica las alegrías y divide las angustias por la mitad."**
> Francis Bacon

• • •

relación sólida 견고한 관계 ｜ escuchar activamente 적극적으로 경청하다 ｜
brindar apoyo mutuo 서로를 지원하다 ｜ sentido de pertenencia 소속감 ｜ experiencia compartida 공유된 경험

─(해석)─

의미 있는 연계 구축하기: 견고한 관계를 육성하기

 견고한 관계를 구축한다는 것은 시간의 흐름에도 견뎌내는 의미 있는 인간관계를 형성하는 것입니다. 이는 상대방과의 유대 관계에 시간과 노력, 진정한 관심을 투자하는 것을 의미합니다. 상대방을 적극적으로 경청하고 공감하며 서로를 지원함으로써 신뢰와 친밀감, 이해심이 생겨날 수 있습니다. 강력한 관계 구축은 다른 사람의 성공을 축하하고 어려운 시기에 곁에 있어 주며 소속감과 수용의 감각을 유지하는 것을 의미하기도 합니다. 이러한 접속은 우리의 삶을 풍요롭게 만들고 지지와 동반자 역할을 하며, 우리의 전반적인 웰빙에 기여합니다. 솔직한 대화, 공유된 경험, 개인적인 성장과 함께하는 헌신을 통해, 우리는 기쁨과 만족감으로 가득 채워줄 수 있는 지속적인 관계를 유지할 수 있습니다.

> "우정은 기쁨을 두 배로 하고 고통을 반으로 나눈다."
> 프란시스 베이컨

Construir relaciones sólidas significa formar conexiones

humanas significativas que perduren con el tiempo.

El Poder de la Comunicación:
La fuerza de la comunicación efectiva

Las habilidades de comunicación efectiva son esenciales para construir conexiones significativas y fomentar la comprensión entre las personas. Esto incluye expresar pensamientos e ideas con claridad, escuchar activamente y comunicarse con empatía. Al mejorar estas habilidades, creamos un entorno basado en la confianza, el respeto y el diálogo abierto. La comunicación efectiva transmite intenciones, emociones y necesidades, fortaleciendo las relaciones y creando vínculos más profundos. También implica prestar atención a las señales no verbales, como el lenguaje corporal y la entonación. Desarrollar habilidades de comunicación permite formar relaciones interpersonales más sólidas, resolver conflictos y fomentar la armonía y la colaboración.

"No podemos no comunicar.
Incluso el silencio comunica."

Paul Watzlawick

● ● ●

comunicación efectiva 효과적인 의사소통 | diálogo abierto 열린 대화 | lenguaje corporal 신체 언어 | resolver conflicto 갈등을 해결하다

─(해석)─

의사소통의 힘: 효과적인 커뮤니케이션의 힘

효과적인 커뮤니케이션 기술은 의미 있는 연계를 형성하고 사람들 간의 이해를 촉진하는 데 필수적입니다. 이는 생각과 아이디어를 명확하게 표현하고 적극적으로 경청하며 공감하는 커뮤니케이션을 포함합니다. 이러한 기술을 개선할 때, 우리는 신뢰, 존중, 개방적인 대화에 기반을 둔 환경을 만들게 됩니다. 효과적인 커뮤니케이션은 의도와 감정, 필요성을 전달하여 관계 강화와 더 깊은 연계를 이끌어냅니다. 이는 신체 언어나 억양과 같은 비언어적 단서에도 주의를 기울이는 것을 의미하기도 합니다. 커뮤니케이션 기술을 발전시키는 것은 더 견고한 대인 관계를 형성하고 갈등을 해결하며 조화와 협력을 육성하게 만들어 줍니다.

"우리는 소통하지 않을 수 없다. 심지어 침묵도 소통한다."
폴 바츨라비크

 년   월   일

Las habilidades de comunicación efectiva son esenciales para construir conexiones significativas y fomentar la comprensión entre las personas.

Resolver Conflictos:
Fomentar relaciones más sólidas

Resolver los conflictos de manera armoniosa tiene un impacto positivo en la dinámica y los resultados de las relaciones. Significa abordar los problemas con elegancia, empatía y comunicación efectiva. Es crucial escuchar activamente y comprender las perspectivas de los demás. La clave está en adoptar una mentalidad orientada a la resolución de problemas y enfocarse en soluciones mutuas. Expresar las emociones de forma constructiva y usar declaraciones en primera persona ("yo") para comunicar necesidades y sentimientos es esencial. Practicar el perdón y la empatía también es fundamental. Manejar los conflictos de manera positiva fortalece las relaciones, construye confianza y profundiza la comprensión. Superar los desafíos juntos fomenta el crecimiento y permite mantener conexiones cercanas y significativas.

> **"La paz no es la ausencia de conflicto, sino la habilidad para manejarlo."**
> Mahatma Gandhi

● ● ●

resolver conflicto 갈등을 해결하다 | mentalidad orientada a la resolución 문제 해결 지향적인 사고 |
constructivamente 건설적으로 | fomentar crecimiento 성장을 촉진하다

──(해석)──

갈등 해결하기: 더 단단한 관계를 형성하는 것

갈등을 조화롭게 해결하는 것은 관계의 역학과 결과에 긍정적인 영향을 미칩니다. 이는 우아함과 공감, 효과적인 의사소통으로 문제에 대처하는 것을 의미합니다. 적극적인 경청과 다른 사람의 관점을 이해하는 것이 중요합니다. 문제 해결 지향적인 마음가짐으로 갈등에 접근하고, 상호 해결책에 초점을 맞추는 것이 핵심입니다. 감정을 건설적인 방식으로 표현하고 필요와 감정을 나타내는 "나"의 발언을 사용하는 것이 중요합니다. 용서와 공감을 실천하는 것이 필수적입니다. 충돌을 긍정적으로 다루는 것은 관계를 강화하고 신뢰를 구축하며 이해를 깊게 만들어 줍니다. 함께 도전을 극복하는 것은 성장을 촉진시키며, 긴밀하고 의미있는 관계를 유지할 수 있게 해줍니다.

> "평화는 갈등이 없는 것이 아니라, 갈등을 다룰 수 있는 능력이다."
> 마하트마 간디

읽고 듣고 쓰기   년   월   일

Resolver los conflictos de manera armoniosa tiene un
impacto positivo enla dinámica y los resultados de las
relaciones.

30일간 하루 10분 스페인어 필사

초판 1쇄 인쇄 2025년 1월 15일
초판 1쇄 발행 2025년 2월 7일

지은이	AI 편집부
발행인	임충배
홍보/마케팅	양경자
편집	김인숙, 왕혜영
디자인	이경자, 김혜원
펴낸곳	마들렌북
제작	(주)피앤엠123

출판신고 2014년 4월 3일
등록번호 제406-2014-000035호

경기도 파주시 산남로 183-25
TEL 031-946-3196 / FAX 050-4244-9979
홈페이지 www.pub365.co.kr

ISBN 979-11-94543-03-9 13770
© 2025 마들렌북